Verlagsprojekt: Quipos S.r.l. (Mailand)
Layout: Emma De Biasi - Kartapazza (Verona)
© 1997 Oli-Verlag N.V.
Bearbeitung der deutschen Ausgabe:
Helena Baumann
Deutsche Ausgabe:
© 1997 Lappan Verlag GmbH, Oldenburg
ISBN 3-89082-759-4

FÜR
HUNDEFREUNDE

LAPPAN

Dieses Buch will dich daran erinnern, daß der Hund der beste Freund des Menschen ist.

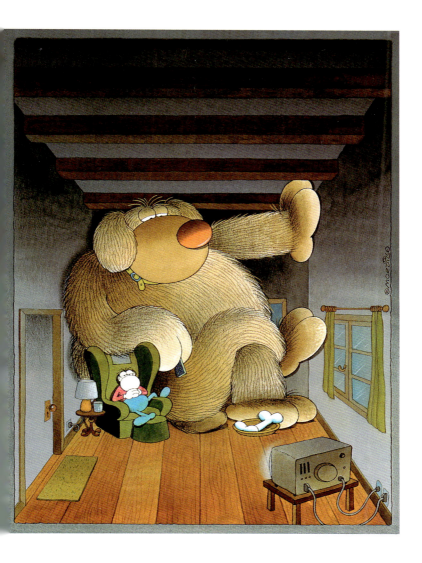

Nun ja, manchmal ist der Hund vor allem der beste Freund von Frauchen.

Aber im Ernst:
Wenn du ein Bauer bist,
arbeitet er für dich.

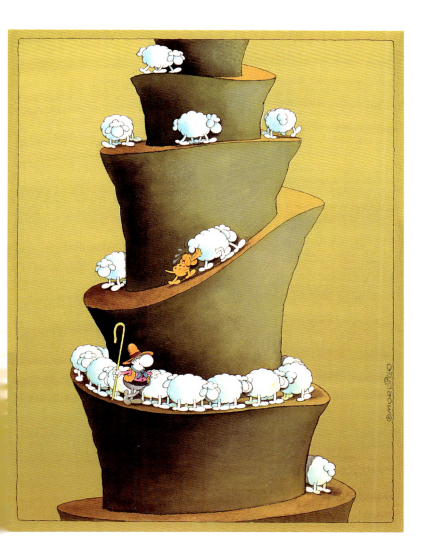

Bestens dafür ausgebildet,
die Herde zu bewachen, wird
er stets im richtigen Moment
eingreifen.

Wenn du gerne zur Jagd
gehst, wird er dir unersetzliche
Dienste leisten ...

... doch solltest du darauf achten, ihn keinen allzu gefährlichen Situationen auszusetzen.

Wenn du Sport treibst, wird
er dir bereitwillig assistieren ...

... und er ist stets zur Stelle,
um deine Triumphe zu feiern.

Wenn du Künstler bist, wird er deine Werke bewundern.

Wenn du ein Faulpelz bist,
kann er dir viele beschwerliche
Aufgaben abnehmen.

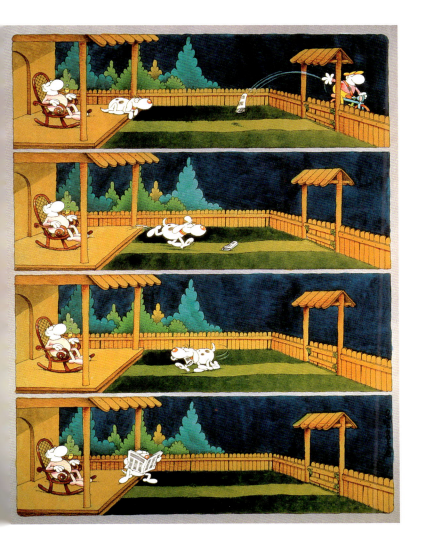

Wenn du ein guter Lehrmeister bist, wird er sich viele Fähigkeiten aneignen ...

... doch solltest du seine ständige Verfügbarkeit nicht mißbrauchen.

Du mußt ihn regelmäßig
füttern ...

... ihm die Freiheit lassen,
seine kleinen Freuden zu
genießen ...

... und ihm erlauben, mit anderen Tieren zu spielen.

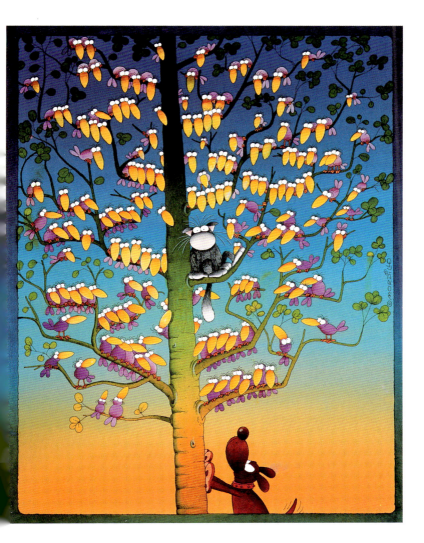

Denk daran, daß er auch
seine Bedürfnisse hat ...

... und begehe nie den Fehler,
ihn geeigneter Örtlichkeiten
zu berauben.

Gib ihm Gelegenheit, seine Begabungen unter Beweis zu stellen.

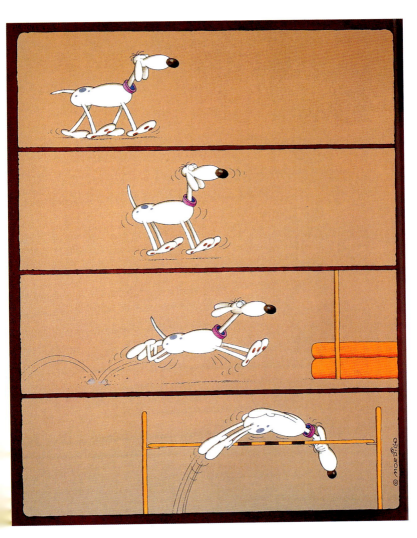

Lasse niemals zu, daß man sich über ihn lustig macht.

Verteidige ihn gegen Tiere,
die größer sind als er.

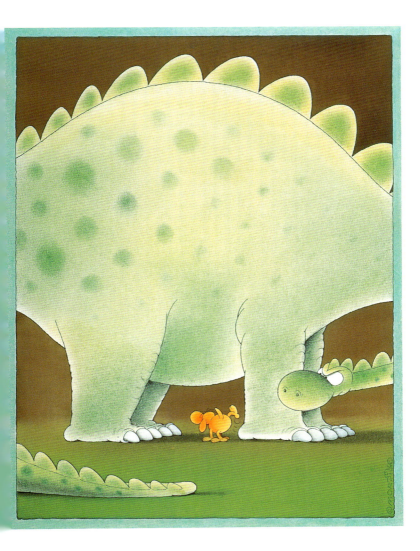

Er wird es dir mit seiner Treue
lohnen und dir überallhin folgen.

In der gleichen Reihe
erschienen:

Mordillo für das Leben zu zweit

Mordillo für Erfolgreiche

Mordillo für Fußballfans

Mordillo für Verliebte

Mordillo für den tollen Mann

Mordillo für die tolle Frau

Mordillo für Urlauber